섬 진 강

지성·감성의 메타언어
조선문학사시인선.953

섬 진 강

정 일 웅 시집

조선문학사

■ 책머리에_시인의 말

외식에 익숙지 않아 집에서 삼식이다
입맛이 없을 때는
아내가 신경을 곤두세운다
나물이며 반찬에 양념을 이것저것 더 넣다 보면
수저마저 자주 가고 맛이 난다
참기름 깨볶음 고춧가루 후춧가루 다진 마늘
고추장 매실청 식초 간장 소금 등
너무 많이 들어가도 제 맛을 잃지만

시를 쓸 때도 양념이 골고루 적당히 들어가야
풍성한 맛이 날 것인데
이런 반찬에는 어떤 것이 들어가야 맛이 나고
저런 곳에는 또 무엇을
전문성이 떨어지니 알면서도 모르고 갖추지 못해
맛이 떨어짐을 알고 있다

모더니즘, 아이러니, 형이상시, 컨시트, 형상화,
양극화, 폭력적 결합, 메타퍼, 직유, 은유, 치환, 병치,
원관념, 보조관념, 전경화, 낯설게 쓰기, 이미지, 위트,
펀, 패러독스, 알레고리, 암시, 변용 등
이런 양념이 적당히 들어가야 맛이 날 것인데
맛은커녕 입을 버려 인상을 찌푸리게 하니

나는 언제쯤 음식 맛을 낼 것인지

2025년 立春節
松哉 정일웅

섬진강 차례

책머리에_시인의 말 / 5
육필 원고 / 11

제1부
걸어온 길

사람을 찾습니다 / 15
용궁사 / 16
전선 / 17
누름돌 / 18
가지치기 / 19
마라도 / 20
문장대 / 21
바위 / 22
섬진강 / 24
5월이면 / 25
그대여 / 26
돌탑 / 27
동급 / 28
땅 투기 / 29
만년설 / 30
물로 지은 집 / 31
코로나19 / 32
첨성대(瞻星臺) / 33

해바라기 / 34
소한 추위 / 35
계절 / 36

제2부
걸어갈 길

사계절 / 39
큰 바위 / 40
나이를 모르는 사람 / 41
진리 / 42
반역병 / 43
나라 우주센터 / 44
여수 애양원에서 / 46
기다림 / 48
그때가 그리워 / 50
벌 받는 고기 / 52
갈대 / 53
벌초 / 54
신륵사 / 55
공수래 / 56
꽃 / 57
별 / 58
나도 남도 / 59
듣기 좋은 소리 / 60

세심천은 어디에 / 62
남대천 / 63
유성 / 64

제3부
산

산 / 69
감악산 / 70
앵봉산 / 71
영취산 / 72
마니산 / 74
운대산 / 76
지리산 천왕봉을 가다 / 78
바랑에 산 하나 담아 메고 지구를 걷다 / 79
히말라야 등반 / 80
하비설산 / 81
황산 / 82
노르웨이 산행 / 84

제4부
발로 쓰다

여행 / 89

안나푸르나 / 90
알프스 산에서 / 92
콰이강 / 93
장가계 / 94
용문석굴 / 95
금사강 / 96
알프스와 호수 / 97
피렌체(Firenze) / 98
수리엔토(소렌토, Torna a Surriento) / 100
사진 / 102
폼페이(Pompaii) / 104
아씨시(Assisi) 프란체스코를 만나다 / 107
내가 본 바티칸(Vatican) / 110

제5부
시집 평설

현대시법, 실제화 돋보여_박진환 / 114

■ 육필원고

사람과 맹수차이

물소 하나 잡아먹다
배부르면 떠나가는 호랑이

태산하나 가지고 있어도
허말라야 생각하는 사람

제1부
걸어온 길

사람을 찾습니다

휴전선 철조망은
오천이백만 허리띠다
허리를 옥죄는 고통줄이다
두 동강 만든 포승줄이다
절단기로 끊어도
끊기지 않는 특수 철이다
몇십 년 지나도 썩지 않는
철조망이다
김씨 삼부자 말 한마디면
썩고 문드러져 끊어질 허리띠
삼부자 말 듣는
사람을 찾습니다

용궁사

높고 깊은 외로운 곳에 사찰(寺刹)은 자리한다
스님들이 바랑 지고 고봉산천 묵언수행 오르고 있다
기장군의 용궁사 가면 바랑 지고 용궁으로 내려간다
십이지상 지나서 아래로 걸어간다

바다에다 용궁 세운 공민 왕 때 나옹선사 살아가고
운강 정암 스님이 맞이한다
심청이도 만나는 곳 바다에 절이 있다
스님들 가부좌하고 중생들의 허물 위해
낮은 자세로 기도하며
붉은 해 올라오면 제일 먼저 맞이한다
남해 바다 살아있는 생물 위해
목탁 치며 기도한다
오늘도 중생들 심청이 만나려 모여드는 용궁사
굴 법당 미륵전에 득남 불 만나려 줄을 선다

전선

철조망 넘어 나무들 무성해지고
주인 없는 썩은 군화짝 녹슨 철모
비에 젖은 해골은 누구의 자손이며
적군일까 아군일까
내려다보고 있는 큰 바위는
알고 있지만 묵언으로 서 있다

아들 위해 장독대 정화수 떠 놓고
어머니 손 닳도록 빌던 정성에도
허무히 죽어간 유골들
나라도 지키지 못하고 숨져 갔구나

누름돌

나 어릴 때 할머니 젓갈류 담은 독에
파도가 몇백 년 두들겨 씻은
둥글넓적한 돌덩이 하나

바닷가에서 가져온 돌인데
왜 먹을 것에 같이 담는지
많이도 의심스러웠는데

내 나이 그때쯤 되니
젓갈류 김치며 삭힌 음식
이제야 음식 맛 알게 되고

할머니 서러움도 화냄도
복받쳐 오르는 모든 것
누르며 사신 것들이 아니었나

할머니 어머니의 며느리까지
화(禍)가 나면 이 돌로 누르라고
둥글넓적한 돌 하나가 대를 잇는다

가지치기

아파트 주변
조경한 나무들
매년 한 번씩 자르고 다듬어
눈을 즐겁게 만든다

하늘로만 오르려 한 나무들
지상에 적당히 뻗게도 하고
땅으로도 내려 주어야
높고 낮음이 균형을 잡아야 보기 좋은데
하늘로만 오르는 것 좋아하니
내 욕심 같아진다

내 속의 가지치기 한 번 안 했으니
높은 것만 좋아했구나
올해는 내 마음의 가지치기를 해야지
기계톱을 구해서 남이 보기에 좋을 때까지
가지치기를 해야겠다 잡초도 뽑고
남의 호감이 갈 때까지 몸단장해야지

마라도

최남단 마라도는
제주가 버린 아이
물결이 어루만져 달래도
뭍 생각하면서 울다가
머리만 하얗게 세어지고
파도가 정으로 쪼아대
성한 곳이 없는 섬
가장 남쪽이란 비석 홀로 서 있다

문장대

속리산 아래 법주사 가면
상팔전에서 신의 스님 나와
삼국시대부터 지금까지 반갑게 맞이한다

스님과 산 정상 오르니 큰 바위 하나 가부좌하고
염불을 한다
이곳이 글 감춘 곳이라고
문장대라 부르란다
큰 바위에 올라 보니 사방이 수려하고
저 멀리 소나무 정이품이 손짓을 하며
어서 지나가라고 손들어 준다

내 직장 다닐 때 직원과 같이 올라
그때가 어제인데 오늘은 추억되어
문장대 큰 바위가 나를 반긴다
이곳저곳 산에 가면 바위 나무들
자연이 나를 자주 오라 한다
연인 되자고 한다

바위

누가 너 다시 살라 하면
우뚝 솟아 먼 산 보는
바위 하나로 살고 싶다

스쳐 가는 바람소리 새소리
음악소리 흘리며
아래는 이끼 끼고

눈 내리면 눈사람으로
비 내리면 샤워하며
몸과 마음 씻어내고

천년을 가도 변하지 않고
많은 세월 흘러가도
제 모습 다르지 않고 서서

세월의 흔적들 적어 모아
흐른 시간들 증언하고
비바람에 잘 깎이면

캐니언 속 바위 같은
인간 눈을 즐겁게 하는
그런 기형(奇形)으로 변하고 싶다

섬진강

진안 데미샘 첫걸음 딛고
광양만에 멈춘 길

한때 두꺼비 울음에 얻은 이름
그 속에는 재첩이 널려 있고
매화꽃 향 맡으며 수천 년을 흘러간다

화개장터 와 이리 시끄럽노
광양 매실 팔러 와서 왜 그런 당가 이잉
음성마저 바꿔놓고 행정구역 갈라 두고
내 달리는 젖줄기다
남도 벌에 생명들이 목축이며 살아가고
생산 공장 기계들도 물 먹으며 돌아간다

광양 백운산 천이백십팔 봉에서 내려다보니
군복 입고 걸어가더니
장마 후에 올라 보니 상복(緦服)으로 갈아입고
곡을 하며 마라톤으로 내달린다

5월이면

지금은 세월이 흘러 만나지 못하는
눈동자 빛나던 수줍은 여인
그때 그 섬 모래밭에서
어머님 은혜 부르던 노래

파도에 붙어 잠잠히 흐른 노래
이제사 그 노래를 알아차린다
그리운 그 곡조가 귀에 맴돈다
벚꽃이 지는 황혼의 생생한 그 모습

지금도 애절한 노래 속에서
그립던 그 노래가 해마다 5월이면
날 찾아와 나의 심금을 울리고 간다

그대여

하늘에다 묵상하며 그대 이름을 쓴다
땅에다 눈물로 그대 이름을 쓴다
바위에다 손바닥으로 그대 이름을 쓴다
나무에다 입김으로 그대 이름 쓴다

그대 이름 아무리 쓰고 써도
더 쓰고 싶은 이름이다

돌탑

돌을 마음으로 다듬어
서둘지 않고 자연 위에다
하나씩 놓은 것
희로애락으로 모읍니다

번뇌도 희망도 함께 하고
자신은 잊어버리고
힘을 가지고 땀을 흘리며
한 계단씩 만족함을 올립니다
마음들이 모자라지 않도록
쌓고 또 쌓습니다

탑이 보물이 될 때까지
밤낮으로 쌓아 올려
힘 다할 때까지
오늘과 내일을 위해
돌탑 하나를 쌓아 갑니다

동급

늦가을 나무에 시(枾)가 열려있어
날짐승이 시를 쓰고
그림자 긴 나는 머리와 발로 시(詩)를 쓰고

까치는 시가 좋은가 봐
나도 시가 좋은데
단풍진 후 시는 맛있고
높은 산 오르면 내 마음의
시가 맛있게 익었지
정신 산물 찾으려 자주 산을 오른다

까치와 나는 동급(同級)인가 봐

땅 투기

동리 외진 넓은 공간
동네 코흘리개들 모여
땅 뺏는 놀이 했다
자기 자리 앞 금 그어진 안에
작은 돌 조각 튕기어 상대편 땅에 넣어
손바닥만큼 내 땅 찾아
땅 늘리는 재미 쏠쏠하다

요사이 땅 투기 돈 모으는 것
어릴 때 땅따먹기보다 못한 것 같다
세금 없는 땅 투기했는데
요사이 세금 많아 재미가 없어

어릴 적 정서 생각만 한다

만년설

힘든 산 고산증 참아가며
높은 곳 오르니 기다리고 있는 만년설

큰 산 오르지 않았으면
못 만날 뻔했구나

기다리고 있어 무릎까지 빠지고
신발까지 빠진다

지금 와서 만났지만
수년 후는 만나지 못하고

만년설 자체도 모르고
살 것인데 다행이구나

오늘도 계절을 잊어버리고
눈은 녹아내려 냇물로 변하고 있다

물로 지은 집

물로 만든 집 한 채
대문이 없어서 들어가지 못하고
눈으로 마음으로 들여다보는

온종일 곡식밭에서
김매던 호미 자루

먼 옛날 어머님 손바닥에
물집 한 채
그때는 몰랐지만

이제야 그 집이 눈물 되어
내 손에 물집으로 가슴 메이네

코로나19

우한[武漢] 땅 민들레 한 포기 잘 길러
꽃 피고 열매 맺어 홀씨가 바람에 날려
지구상에 형벌로 퍼졌다

남녀노소 모두가 눈 코 입 막고
감옥으로 살아간 지가 3년째
가까이 가지 못하고 한자리에 먹지도 못해
먼 곳에서 폰으로 얼굴 보는 시대

인간들이 토해낸 오물이 죄라고 하지만
어린이들은 무슨 죄 지었기에
민들레 홀씨 코, 입 통해 하늘로 데려간다
사람에 노하지 마시고 용서하소서

우한[武漢]이 우환(憂患)되어 살아가기 힘들다

첨성대(瞻星臺)

선덕여왕 행주치마로
오백육십이 개 돌을 모아 27단 쌓아 올려
삼천백구십여 년 살아간다

늙어지니 북쪽 보고 반절 한다
하늘만 보고 가다 돌부리 걸렸는가
허리 아파 굽은 건지
세월이 끌어당겨 비스듬히 걸어간다

땅 위에 석축으로 건강함 자랑하고
하늘 보는 천문대로 세계 제일 나이 많아
젊어서는 위풍당당 늙어 보여 안타깝다

이제는 허리 굽어 선덕여왕 찾아가다
탈해왕 후손 석오원을 찾아간다

해바라기

해바라기 꽃밭에 비가 온다
하늘이 꽃을 어루만진다
얼굴이 이쁘다고
가랑비로 조심스레 어루만진다

꽃송이에 별을 담고 달을 담아
무지개를 걸어 두고
꿀벌과 나비를 초청해야지

꽃은 수줍어 이리저리 고개 돌리며
빙그레 웃으며 살아간다

소한 추위

가을에 거두어 둔 감
겨울에 팔려고 시장에 갔다
감은 하나도 팔지 못하고
추위에 못 이겨 앉았다 섰다
안달이 나고
감 씨만 얼어 버렸네
감 씨만

계절

봄   뻐꾸기 소리
여름 소낙비 소리
가을 귀뚜라미 소리
겨울 하늬바람 소리

제2부

걸어갈 길

사계절

봄
제주 유채꽃이
뭍으로 뭍으로
기어 오른다

여름
사람의 몸에다
바닷물 같은
샘을 파낸다

가을
설악 단풍
한라산으로
내달린다

겨울
파도가 천년 넘게 찾아와
두드리지만
무심한 돌섬 대답이 없다

큰 바위

파주 용꼬리 장지산 남쪽 용암사 가면
한 바위에 토속 불상 새겨
원립불(圓笠佛) 연꽃 들고 방립불(方笠佛)이 합장하고 서있다
고려 선종(1083)이 왕자가 없어 근심 중
꿈에 도승이 장지산 바위에
먹을 것을 주라고 해
바위에 불상 새겨 공들이니
헌종(獻宗)이 태어나고
용암사 지었다 사람들이 아들 딸 달라고
큰 바위 불에 공들이고 자손 대대로 살아간다

요사이는 아들 딸 얻으려고
시험관 아기 찾는다니
세상 따라 아들 얻고
세상 따라 딸 얻으며 살아간다
보물 93호로 살아간다

나이를 모르는 사람

지인이 와서 나에게 묻는다
유명 산이며 찍은 사진 몇 장이나 되나요
아 그 사진 3,782장 찍어두었지
아니 연세가 몇인데 사진
숫자를 그리 정확히 알아요
내 나이 환갑 넘은 것은 맞는데
그 후로는 잘 몰라
사진 숫자와 큰 산 오른 것은
정확히 알면서 나이를 모르세요

아 사진은 가져가는 사람이 있어 세어보았지만
내 나이는 가져가는 사람 없어 세어 두지 않아서
어디에나 쓸모없는 것이 나이라
버릴 곳도 없어서 미화원도 안 가져가
알아서 좋은 것도 있지만 몰라서 좋은 것도 있지
알아도 모르는 척 몰라도 아는 척
그렇게 사는 것이 인생이고
살아가는 길인 걸

진리

히말라야 올라가는데

산이 나와 너 한다

그러니 아래 흐르는 두두코시

강이 너와 나 한다

나가 있어 너가 있고

너가 있어 나가 있다

* 두두코시강: 히말라야 초오유에서 발원 남쪽으로 흐르는 강.

반역병

전쟁의 상징 욱일기
안방 앞에 펄럭인다

전쟁 나면 이웃 나라 웃음소리요
우리 젊은이들 힘들게 되고

금수만 판을 치니 목장 주인 웃고 있다
자유란 놈 갈 곳 몰라 울고만 있고
지상낙원 주인은 분노뿐이다

인생도
철학도
종교도

자기 생각뿐이고
이웃들이 너무 멀어 생기는
병인 것을 어쩌나

나라 우주센터

고흥 우주항 길을 따라가다 보면
몇만 년 전 원시시대가 있고
잠시 더 가면 현재가 공존하는 우주 나라센터
우주과학관 그 속에는 우주의 신비가
우리를 맞이한다
과학관에 입장 우주라는 주제로
각양각색 체험과 볼거리
우주를 형상화한 모니터가 반갑게 맞이한다
기본 운동 원리 진공과 중력 대기 저항
과학실험 장치 발사대의 진동 축소
나라호 크기의 3분의 1로 축소한 모형 전시
우주인들이 상주할 국제 정거장
우주인이 체류 과학실험 임무를 수행하는
국제 정거장
신체와 같이 재현한 중심부도 있다

연령별 눈높이에 맞는 제작된 프로그램
영상 상영관의 다양한 방식으로 우주에 도움 되는
영상 오감을 느끼는 체험 교육과 놀이를 경험한다

야외는 나라호 실물 크기의 모형이
광장 가운데 자리하고
태양전지 해시계 등 조형물이 눈을 즐겁게 하는 곳
여기가 나라호 우주센터

여수 애양원에서

여수 가면 애양원이 있다
하늘이 내리는 병이라고 하는 나병환자 모인 곳
유명한 목사님 한 분 계신다
요사이 목사님들이
존경이 땅에 맴도는 시대에 더욱 유명세로
사랑을 입과 말로가 아닌 몸으로 전하는
손양원 목사님이 우리를 맞이한다
그 뒤를 따라가니 순례자를 보고 설(說)한다

이 죄인 혈통에서 순교 아들 있어 감사
많은 성도 중 보배 성도 곁에 있어 감사
3남 3녀 중 맏이와 둘째 순교해 감사
한 아들 순교도 귀한데 두 아들 순교해 감사
예수 믿다 죽어도 복인데
전도하다 총살 순교 더욱 감사
아들 미국 유학 가려 하던 차
천국 간 것 마음 안심 감사
아들 순교 열매로 천국 열매 많음을 감사
역경에서 주님 사랑 깨달아 믿음 주심 감사

이런 설교 들으면서 목사인지 로봇인지
의심하는데 다시 시작한다

꽃피는 날만 사랑이 아니고
땀 흐르는 염천에도 주님 사랑 있다고
솔로몬의 부귀보다 욥이 더 귀하다고
솔로몬의 지혜보다 욥의 인내 아름답다고
세상 권력 등에 지고 믿는 사람 핍박 말아
그 권력이 며칠 가며
하나님의 심판 날에 못 견디게 될 것이라
이 세상은 나그네길 나의 갈길 죽음인들 막지 마라
주님 가신 길 충성 다해 따르련다
사랑을 몸으로 가르치신 분
48년을 일기로 사랑한 부인과
순교한 아들과 한자리에 잠들었으니
영혼들이 살아있어 많은 순례자가 모여든다
사랑이 무엇인가 배우기 위해

* 손양원: 1902년 6월 3일 함안 출생, 1948년 두 아들 순교 살해당함, 1946년 목사 안수, 1950년 9월 28일 소천.

기다림

고고지성(呱呱之聲) 태어난 후 청운(靑雲)을 쥐고
영국의 WPP 미국의 옴니콤 프랑스 퍼블리시스
같은 회사 사장이고 싶었다

영의정 당상관 되어
어렵고 길 잘못된 곳 도와주는 것
그런 생각 가지고 자랐다

셰익스피어나 이태백 같은 시인
왕희지 추사(秋史) 김정희 같은 서예
월성(月城) 최복 인물 같은 시서화(詩書畵)로 능통하고 싶었다

충효사상 잘 배우고 지키며
효도하고 싶었는데 때 잘못 만나
후회하는 시간과 동행한다

잘난 사람 되지 못하고
평범한 사람들과
그날그날 보통으로 살아간다

뜻은 높게 행동은 낮게 하라는데
노력 부족으로 놓쳐버린 어리석음
앞뒤 옆을 보고 남은 힘 다해

그런 날이 올 때를
기다림으로 살아가련다

그때가 그리워

어릴 때부터 편식을 해서 건강이 약하다
술은 밀밭에 가면 취하고 담배 입에 물고 있는 거 보면
어지럽고 커피 박카스 마시면 잠들기 어렵다
빈촌(貧村)에 자라다 보니 풀떼기 죽이 주식이라
편식은 자연스런 삶인 때도 있었다

선친들 우리는 굶어도 후대는 더 나은 삶 기대했다
부모는 배고파도 먹이고 가르쳐 다른 세상 되었다
맘껏 먹고 멋대로 사는 것 풀떼기 죽 모르는
세상 부럽기만 하다
편식 아닌 모두 많이 먹어 부작용이 많은 세상

어느 나라 남촌 부락 연륜 낮은 사람들 골고루 먹어
건강한 사람들 술은 말술 줄담배에 아편에 대마초
필로폰 야마 마약도 곁들어 먹고 건강이 넘쳐
철창(鐵窓) 안으로 넘어진 사람 많다고 하니
넘치는 것이 모자람보다 못한 것인지

내 어릴 적 동네 그때가 그리워진다

* 풀떼기 죽: 잡곡가루로 풀처럼 쑨 죽.

벌 받는 고기

1월에 강원 용대리 가면
미시령 진부령에서 아래로 칼바람이 몰아친다

바다 세상에서 무슨 죄를 지었기에
줄줄이 끌려와 목을 매어 형벌을 받을까

명태 생태 동태 북어 코다리 노가리 먹태
얼고 녹는 고통 이겨내면서 온몸이
단단하게 마를 때까지 모두 모여 벌 받는다

크기와 말린 형태에 따라 이름이 다르고 이름 많은 고기
벌이 끝나면 황태로 변해 밥도둑으로 변해간다

그래서 죄도 많아 형벌 받고 그도 못 면해
밥도둑으로 살아가는 누명 많은 고기

지구 기온 상승하니 북극해 찬 바다
찾아 떠나며 몸값 오른다
더 많은 세월 가면

이름 하나 더하는 금태 되겠다

갈대

강변의 갈대
바람 한 번 지나가니
엎드려 사죄한다

앉아도 될걸
무서워 떨고 있다
두려움의 대상 아니지만

나쁜 짓 아니하고
곧게 곧게 자란 게
죄로만 산 것처럼

독한 바람의 벌은
무서움으로
몰아간다

벌초

조부님 흰 한복 입으시고
숫돌에 낫 갈아 바지개 짊어지고
벌초하러 나가셨다

부친께선 검정바지 입고
경운기에 낫을 싣고
야산 묘지로 오르시고

나는 나팔바지 입고
자가용 트렁크에 예초기 넣고
선친들 산소 찾았는데

아들 녀석 너덜너덜 구멍 난 청바지에
대형오토바이 예초기 싣고
벌초 갈 날 돌아올까?

신륵사

여주 봉황 꼬리에 가면
강 언덕에 절이 있다

장마 지면 지은 농사 쓸어가는
남한강 홍수
강가 바위에 제물 올려
홍수 범람 막아 달라고
강신(江神)에게 빌었다는 절
신륵사 대웅전 부처님은
강을 보고 웃고 있네

농군들의 불안한 맘
불신 믿고 살아라 하네

공수래

높은 산에 가면
비행기만 한 독수리가 많이 살아간다
땅굴 파서 이곳저곳 다니는
먹이사슬 눈에 들어오면
쏜살같이 낚아챈다
높은 곳 즐기는 새
주를 앙모 하나 봐 높은 곳에서

높은 곳을 좋아해
세계 높은 산만 찾았는데
이제 생각하니 이상(理想) 아니고
욕심인 듯 교만인 듯
무욕(無慾)이 더 가까운데
그렇게 살아가는데

강물 되어 낮은 곳 찾아
버리고 비우고 무상 무욕으로
높고 낮음으로 살으련다
비우고 채울 것도 없는 것
욕심이면 뭐하나
공수래 공수거인 걸

꽃

꽃은 일생 웃고 지낸다

필 때도 웃고
꽃으로 피었으니

질 때도 웃으며 진다
열매를 맺으니

일평생 꽃은 웃음으로 살아간다
열매가 웃음 덩어리다

별

하늘에 큰 별이 있다
명성(明星)
땅에도 군에 별이 있다

하늘의 큰 별 따다 젊은 용사 모자에 달면
명성으로 빛 밝히면
하는 생각해 본다

똥별 될까 걱정도 한다

나도 남도

어디에는 나를 위해 축복하는 이
다른 어디에는 나를 위해 단비도 되고
또 다른 곳에는 나를 기억하며 손질하고
어느 곳에는 나를 위해
쓴소리 있어 바로 서게 하고
앞쪽 어디에서 반가운 손 내밀어 주고
뒤쪽에는 밀어주는 몸이 있어

지구상에서 밝은 달 같은 웃음이 있어
곧게 자란 나무 한 그루 있어
나도 그런 마음으로 살아야지

남도 나를 나도 남을

듣기 좋은 소리

가뭄에 마른 논에 물 들어가는 소리
청아한 목소리로 시 읊는 소리
거문고 타는 소리
젊은 기생 노랫소리
자식 음식 먹는 소리
부모님 회갑연에 웃음소리
멀리서 찾아온 친구 목소리
요사이 좋은 소리라고 한다

옛날에도 대신들이 모이면 잔을 돌리며

정철은 달빛 지나는 구름 소리
청소낭월 루두알운성
심희수는 만사홍엽 풍전원소성 절호
붉게 물든 가을 원숭이 우는 소리
류성룡은 효창수여 소조주적성우묘
아내가 술 거르는 소리
이정구는 산간초당 재자영시성 역가
산간초당에서 선비가 시 읊는 소리

백사 이항복은 동방양소 가인 해군성(洞房良宵 佳人 解裙聲)
깊숙한 골방 안 그윽한 밤에
아름다운 여인의 치마 벗는 소리가
제일 압권이라고 했다 한다

나는 무슨 소리가 좋을까
요사이 같이 어려울 때는 녹명(鹿鳴)
사슴 울음소리가 좋은 소리가 아닐까
생각해 본다

* 녹명(鹿鳴): 사슴 울음소리, 사슴은 먹이를 찾으면 사슴을 모아 같이 먹자고 울음소리를 낸다고 한다.

세심천은 어디에

큰 산 아래
절 고을 당도해
일주문 들어가니

노승의 염불 소리
나무관세음 보살
염불소리 처량하고

불이문 지나서니
풍경소리에
정신마저 맑아진 듯

속세의 때가 많아
세상 것 모두 잊고
내 몸과 마음을 씻으려고

세심천을 찾는 중인데
더 가야 있을지

남대천

오대산에서 첫발 내딛고
강릉 거쳐 동해로 내달리는 남대천
청정 물줄기 쉼 없이 흐르고 있다

흐르고 내리는 물에 올라오는 놈 있다
해마다 고향 떠났던 고기들
종족 보존을 위해 남대천에서

씨앗 뿌리고 사라지는 곳
올해도 올라오지만 숫자는 내려가기만 한다
기온 때문에 오르는 숫자가 줄어든다

연어들이 살아와 씨를 뿌리고 죽어가는
남대천이 오늘도 동해로 흐르고 있다

유성

내 어릴 적 시골 밤은
어두웠다 호롱불이 비추니까

그러나 하늘은 맑고 밝아
별들이 밝게 빛난다

간간이 유성이 흘러
별똥별이라고 신기했다

동심에 따라가 주워다가
친구들과 가지고 놀고 싶었다

서울 하늘은 별이 없다
많은 사람들이 따가지고 갔는가 보다

별은 하늘에서 눈동자로 내려다본다
사람처럼 행동하며 살아가는가

땅에도 별이 있다
사람이 만들어 놓은 별

나라 지키라고 어깨에다
달아 주었다

그 별들이 나라 지키지 못했는지
유성으로 떨어진다

똥별 되어 쏟아진다
계엄이란 괴물에 못 이기고

제3부

산

산

팬데믹으로
못 오른 산을
다시 시작한다

스산한 바람결이
얼굴로 지나간다
햇살이 아주 차다
벌써 나무들이
색깔이 달라지고
가지마다
새봄맞이 걸어 두고
새잎 티울 준비하며
한 해를 바라본다

사람도 나무이길 생각하며
산을 오르고 있다
구름 속으로

자연의 순리를 거스르지 않은
스승을 찾아 비움을 찾아
산을 오르고 있다

감악산

감악산(紺岳山) 오르는데
감색 바위 사이로 검은빛과 푸른빛
연보라로 아롱대고 산 정상 장군봉 임꺽정봉에서
꺽정이도 만나고 위로는 개성 송악산이 멀찍이 서 있고

아래로는 감악사 운림사는 간 곳 없고
운계사 터에 범륜사가 자리 잡고
범종이 소리치며 감악 운계 울림사를 찾고 있다
대웅전 요사체 3층 석탑에 염불 목탁소리에 목을 축이듯

그 아래 설마천 구름다리는 발길에 출렁대며
가까운 운계폭포 쏟아지는 물소리에 풋다래로 떨어지고
아래쪽 임진강 황포돗배는 적성 8경 돌고 돌아
골짜기 부는 바람에 물살을 일으킨다

* 감악산: 경기도 파주시 적성면 양주시 남면 사이에 있는 산 674m.

앵봉산

앵봉산은 집 근처에 있다
그 아래 조선왕릉인 서오릉이 있고
경릉, 창릉, 익릉, 홍릉 그리고
갈처사가 잡은 명당자리 명릉이 있다
앵봉산은 모를 것이다
매일 새벽이면 너를 찾아 오르는 것을

갈처사를 만나서
시 발복(詩 發福) 받을 자리 부탁해 보려고
오르는 것을

* 앵봉산: 구파발동에서 갈현동 쪽으로 뻗은 산.

영취산

눈 내린 영취산
솜이불 밀어낼 때
능선 아래로 불 질러 댄다
선녀 따라 내려온다

천상 선녀 내려와 땅에서도 꽃 가꾸다
몸 다쳐 누웠는데
나무꾼 진(陳) 낭군 만나 살아간다

어느 날 딸을 낳아 달래라 이름 하여
세월 따라 성장하니
고을 사또 몸종 되라고 호령
못 간다고 거절한다 사또의 흉악무도
아비 진도 울다 죽어 그 무덤에 붉은 꽃
만발하니 진과 달래 무덤이라
영취산에 봄이 되면 진 아빠와 달래 딸이
온 산 덮어 올봄에도 사람들이
모여들며 고을 사또 원망하고
영취산에 퍼져간다

영변 약산 진달래는 못 보았지만
영취산의 진달래가 우리나라 으뜸이라

마니산

강화도에 가면 마리산 마루산
두악산(頭嶽山)도 만나고 개천제도 보고
백두산과 한라산 중앙지점 472m 참성단 사적 136
기초는 원으로 단은 네모로 쌓아
개천절의 단군 할아버지 만난다
천제도 올리고 성화도 채화하고
체전 우등한 사람 만난다
화강암 돌산이라 계단도 가파라
정상가다 돌아오는 사람도 만난다
성지(聖地)로 기(氣)가 우리나라 산중 가장 센 곳이다
기를 받고 내려오는 사람 많다

옛날 나무꾼이 나무하러 오르다 그늘에서
노인들이 바둑을 두며 마시던 술을 권해
술을 마시며 구경하다 해가 저물어
동네로 내려오니 아는 이 하나 없고
삼백 년이 지난 후라는 것을 알았다 한다
그 먹은 술이 불로주(不老酒)이고

삼백 년 넘게 산 사람과 불로주도 마실 수 있다
신선놀음에 도끼자루 썩는 줄 모른다는 말이
이 산에서 유래했다니

혹시 바둑 두는 노인이 있는가 살피다 밤중에 내려왔다

운대산

중국 하남성에 가면 운대산 수유봉 아래
도연명이 말한 무릉도원(武陵桃源)이 있다
정치권력 등지고 술과 거문고 즐기며
세월 흘리는 죽림칠현(竹林七賢) 놀던 곳
홍석협(紅石峽) 골짜기 자연인 듯 인공인 듯
화가의 그림 한 폭 운대산에 걸려 있다
붉은 돌 사이에 수정(水淨)이 쏟아지고
쏟아진 소(沼)에는 배 한 척 떠 있다
길가에는 화가들
무릉도원을 화선지에 퍼 담고 있다

진나라 때 어부 배를 타고 가다
복숭아꽃 만발한 곳
전란을 피해 선과(仙果)로 불로장생(不老長生)
살던 골짜기
늙지 않는 불로천(不老泉)에서 물 한 잔 마시니
젊음인 듯 철마저 없어진다

이 몸도 배낭 메고 죽림칠현 흉을 내며
골짜기 골짜기로 도화원기(桃花源記) 어부처럼

복숭아도 심고 대나무도 심으며
전설 한 토막으로 살아가고 싶은 곳
이곳이 무릉도원

지리산 천왕봉을 가다

노고단에서 산행길을 나섰다
반야봉 지나니 3도의 갈림길
삼도봉 나오고 귀 쫑긋한 토끼봉
명성봉 지나니 형제봉이라
벽소령에 오르니 영신봉 촛대봉이 어서 오란다
연화봉 제석봉 지나 천왕봉 천구백십오 미터 오르니

청학동 아동들 하늘 천 따지 글 읽는 소리
무명옷 풀칠해 다듬이 소리 겉보리 가는 맷돌소리
칠선 한신 계곡 피아골 뱀사골에서 들리는
빨랫방망이 소리 산새들 시끄러워
도망가 보이지 않고
조용한 산 찾았는데 나마저 쉬지 못하고
중봉 하봉 새재 밤머리재 웅석봉을 거쳐
지곡사에서 발을 멈춘다
요사이는 큰 산 계곡이 고요함 멀리하고
그래서 모두들 조용한 곳 찾아

달나라 찾아 떠나는 중이다

바랑에 산 하나 담아 메고 지구를 걷다

한라 지리 설악산을 기점 삼아
백두산과 대간도 걷고 중국 오악 옥룡 메리 거쳐
쓰구낭 산 네팔의 안나푸르나 히말라야 찍고
알프스와 돌로미티 노르웨이 피오르를 오르내리며
높은 산 오르내리기에 익숙하다
산이 높다 해도 내 발 아래요
정상에서 물구나무서 내가 산을 들어 보았다
그랜드캐니언과 나이아가라 폭포 상공을 날아
캐나다 돌산과 설산에서 산양과 놀다가
집에 산 하나 담아 왔다
요산요수(樂山樂水) 미치다 보니 그림자만 길어진다
산 아래 집 짓고 내일 산 오를 꿈을 꾼다

나는 산이 벗이고 사랑이라 산과 물에 살으련다

히말라야 등반

큰 산에 올라 보니
하늘은 더욱 맑고 높아
임금님 등급이라
오르는 길 살아온 길
내리는 길 인생길

오르내림이 없이 살아갈 수 있을까
삼복에 얼음 빙벽 쌓여 있고
솜 같은 눈 내리니
솔바람 꽃바람 눈바람 불어온다
조랑말 야크가 짐을 지고 땀 흘리고
높은 곳 오르니 고산증에 허덕인다
험한 산길 고관들과 사장들이 갑질 했나
무엇 하러 올라갔나

서당 찾아 훈장 만나고 돌아왔다
그곳이 산길 아닌 인생길이더라

하바설산

중국 운남성 가면
옥룡설산 건너편 꼭대기가 잘린
하바설산(5396m)이 있다
오남매가 피 흘린 곳
옥룡에 목 잘려 금사강에 떨어지고

금사강을 내려다보며
남매들 비극을 참회하며
목 없이 서 한탄하는 산

오늘도 눈물 흘리는 골짜기
목이 강물에서 슬픈 소리 내며
산 강의 울음소리
처량하게 들리고

차마고도 가는 길 호도협이 있고
하바설산이 전설을 이고 서 있다

황산

기암괴석과 황산송 절묘한 조화를 이룬 산
영객송이 손님을 맞이한다
이름 가진 소나무와 바위들 송객송 외 30여 그루
석고 오어배 후자관해 형상을 가진 바위
최고봉 연화봉(1864m)에 명불허전(名不虛傳) 쓰여 있고
건너편 오어봉은 개미 손님 가득하다
연화봉 뒤로 하고 백보운제(百步雲梯)로 내려가면
보선교 짧은 다리 구름 위에 걸려 있고
마환세계(魔幻世界) 허공다리 절벽에 달아 놓고
배운정에 올라가 산중 숙소에 잠도 자고
후자관해와 사자봉 능선에서
일출 보니 여기가 천국이라
내려오다 비래석을 만나니 하늘에서 날아왔다는 돌
다시 날려고 날개를 편다

중국의 오악에서 돌아오면 볼만한 산이 없고
황산에 돌아오면 오악을 볼 필요가 없다는
지리학자 서하객의 말이 생각난다
창조주가 천지창조 지으시고 좋았다고

감탄하신 것이 이제야 알 것 같다
이 산 못 본 영혼 앞에 사진 한 장 걸고 싶어
골짜기와 능선 찍어 배낭에다 담아 본다

노르웨이 산행

북대서양 바다에서 와
육지에 엉겨 붙은 문어 한 마리인 듯 긴 나라
오슬로 공항에 내려 산행과 여행을 한다

송내 피오르산을 뚫고 들어와
이백사 킬로나 내륙으로 들어온 바다

산으로 올라가니 쇠락볼튼이 H자로 걸려 있다
조물주가 가져 놀던 돌 같던 바위
양 바위에 걸려 절벽을 내려다보고

프레이케스톨린 설교단 바위는
피오르를 내려다보고 설교를 한다

또 다른 트롤퉁가 바위는
개 혓바닥 바위라고 혀를 내밀고 있다

피오르는 곳곳에 여러 개 있어 크루즈 바다 위 호텔이
내륙 깊이 들어와 유명바위 구경에

관광객 모여들고

미르달, 풀롬 사이 산악 열차는
산악인들이 가득하다

베르겐 마을은 그림 한 폭이고
앞 바다에는 요트가 널려 있다
우리 아파트 사고팔 듯
부의 도구로 떠 있다
어부의 중심 시가지라
연어회가 너무 많아 질리고 말았다

오슬로 시내에
이곳 출신 뭉크도 만나보고
섬의 저녁노을을 보고 그린
절규도 만나고

밤에는 백야 현상이라 낮과 같고
오로라가 하늘에서 춤을 추는 곳

이곳이 바닷가 육지를 감싸고 있는 나라
노르웨이 산과 들을 조금 맛보았다

제4부

발로 쓰다

여행

고도 천 피트
시속 900여 킬로
외부 영하 40도
악천 속에서 살아간다

차도 마시고 식사도 하고
영화 보고 게임하고
책 읽다 쇼핑하다
꿀잠을 잔다

자기 발로 들어와
같이 살지만
이사 가고 싶을 때는
나가라고 해야만
나갈 수 있는 동네
십여 시간을 함께하는

희망으로 이동해 주는 고마운 동네

안나푸르나

뛰고 날아 네팔 카트만두에 내린다
불교사원에는 오체투지로 공들이는 사람 많다
경비행기 솜으로 귀를 막고 포카라로 출발이다
하늘로 오른 비행기에서 내려다보니
지구상에 큰 산들 한 폭의 산수화
병풍으로 둘러있고 산중 비행장 시골집 마당이다
힐레에서 첫 밤 자고 산행이 시작 된다
산만 보고 걷고 걸어 고라파니 도착하니
세계 3대 미봉 마차푸차레 6993m 따라 온다
새벽 푼힐 전망대 3193m 해오름이 장관이다
산에 취한 사람들 카메라 소리 요란하고
만년설 쌓인 산 병풍 되어 서 있고
산꾼들 그 속에 개미손님 되었다

 주일레 한밤 자고 촘롱에 오르니 히운줄리 6441m 산이 가까워
 산이 점점 높아지니 물소리 더욱 요란하며
 데우랄라와 마차푸차레 거쳐 안나푸르나 베이스캠프에 가니

장엄한 설산 안나푸르나 8091m 바리시카르 7647m 산이 빙벽으로 서 있다
　언 발로 큰 산들 만나보고 역순으로 내려오다 지누단다 1780m에서
　온천욕을 하고 산중 밤을 새니 얼었던 발 조금 녹고
　페화 호수에 도착 산행 마치고 쇼핑하고 얼었던 발 9일이 다 녹는다

---

* 안나푸르나: 산스크리스어로 수확의 여신이라 한다.

알프스 산에서

종일 산과 마주 보며
시 한 줄 기억해 냈다
하루 내 산 꽃들과 눈 맞추고
시 한 편 건져 올려 메모를 한다
종일 산들의 숨소리 듣고
산속 마을로 내려와
굽이굽이 흐르는 계곡 물소리가
어두워 가는 귀 치료도 받고
별들을 쳐다보고 누워본다

종일 메모한 시들이 별을 따라간다

콰이강

아버지의 아버지 때 놓은 다리
일본 영국군 자존심에 젊은이들
앞 치부만 가리고 일 하다 죽어갔다
쾌노이에 놓은 다리 그 절벽에는
죽어간 영혼들의 울부짖음에 목이 메이는 계곡
그 아래 붉은 물이 숱한 한으로 흘러간다
칸차나브리 넓은 들에는 무더위가 밀려오고
자존심에 소름이 묻어난다
미얀마로 가는 완행열차 절벽 위로 서서히 움직
인다
더위와 배고픔에 죽어간 영혼들에
유명해진 다리
한 세대의 비극이 영화 속에서
잊혀가는 강이여

* 콰이강: 태국 방콕 근처의 강.

장가계

수천 봉의 산들이
구름을 딛고 서 있는 안개바다
신선들이 날고 있다

푸른 수의 입고 구름에 갇혀
무슨 죄 지었는가
하늘을 보고 울부짖어 눈물 흘린다

산 아래 강에서는
개미 손님 실은 배
오르내리고

산속 동굴 호수에 배가 떠 있고
굴속에 철길 놓아
2인용 기차 타고 밖으로 나온다

이곳이 천하의 제일경이라고
자랑 중이다

용문석굴

중국 하남성 낙양에서 14킬로
석회암 바위의 이궐산에
용문석굴(龍門石窟)이 있다
바로 앞 이강(伊河)이 흘러가고
동굴마다 석불(石佛)이 가득하다
스님들이 천의 얼굴로 모여 있다
이강을 보며 합장으로
남무관세음보살 오백 년 넘게 주문을 왼다

수(隋) 당(唐) 송(宋)나라 거치면서
400여 년 석공들이 혼을 담아 깎은 불상
10만여 개 1,345 동굴이
이천년에 세계문화 유산 등재되다

온 나라 스님들이 이궐산에 모여
석가모니 맞이 하지만 석가모니 오지 않고
세월만 이강 되어 흐르는 곳
이곳이 용문석굴

금사강

중국 운남성 가면
옥룡설산 하바설산이 있다
큰 산 깊은 곳으로
금사강이 전설로 흘러간다

티벳 쪽에서 오남매 오손도손 살다가
메콩 노 금사 자매
동해바다 그리워 도망을 가다

옥룡 하바 두 오빠
중도에 지키다 동생들 나타나자
세 동생 목을 베니
하바가 발끈하여 하바목도 잘랐다 한다

옥룡은 자결해서 옥룡설산이고
하바 목은 금사강에 떠 있다
메콩 노 금사강이 되어
금사강이 옥룡 하바 설산 사이로

티벳 쪽으로 오늘도 힘차게 흘러간다

알프스와 호수

알프스 산 아래 만년설이 녹아내린 호수
그 위에 백조가 무리로 놀고
유람선이 떠 있고 산의 그림자도 떠 있어
하얀 눈 덮인 알프스 산꼭대기

하늘색으로 푸른 호수
백조 한 마리가 은빛 몸으로
멋을 부리며 날아오른다
내 마음속으로 포근히 안긴다

알프스 산은 은빛으로 서 있고
푸른 호수엔 백조가
은빛으로 노닐고 있다

푸른 하늘과 호수
알프스 산들이
요들송으로 춤을 추고 있다

피렌체(Firenze)

구름과 비옥한 들판과 어우러져
경관이 뛰어난 피렌체는
이탈리아 문화의 꽃을 피웠던 중심도시
레오나르도 다빈치, 미켈란젤로 부오라로티,
단테 알리기에리
이탈리아를 대표하는 거장들이 태어난 곳

군주론을 쓴 니콜로 마키아벨리,
비너스의 탄생을 그린 산드로 보더첼리 등
많은 인물들이 이곳에서 활동했다

아르노강 위에 베키오 다리는
유럽에서 가장 오래된 14세기 다리다
단테와 베아트리체가 연인으로 만난 장소이고

피렌체 여인들은 베키오 다리에서
사랑을 맹세하고 난간에 자물쇠를 채우고
열쇠를 강물에 버린다
지금은 자물쇠 무게로
안전을 위협해 낭만이 금지되고

시내 가운데 꽃의 성모마리아 대성당이 있고
산타마리아 델 피오레라는 두오모 둥근 천정돔
꼭대기에 오르려면 463계단을 더 올라야
피렌체 시내가 보인다

강 건너편 언덕에는 광장에
미켈란젤로 다비드상이 있다
강을 사이에 두고 피렌체 시내와
두오모 지오또의 종탑, 베키오 궁전이 한눈에 보이는
미켈란젤로가 만든 다비드상이 있는 광장

골리앗과 다윗이 싸웠다는 성경 인물이다
상대 안 되는 골리앗을 물리친 다윗상과
미켈란젤로를 생각하며
사무엘상 17장을 외우는 심정으로
다비드 광장을 떠났다

수리엔토(소렌토, Torna a Surriento)

지중해 바닷가 높은 언덕 위
황토색 마을 어느 나라
어디에 있는 줄도 모르던 곳

노랫말 한 마디에 눈 돌린 곳
지암바티스타 데커티스 시인 겸 화가, 작사
에르네스토 데커티스 음악가가 곡을 붙여

    돌아오라
    소렌토로 돌아오라

소렌토 중심 타소 광장 근처에 이곳 출신인
토르콰토 타소 기념비도 있고

바이런은 타소의 비탄이란, 시를 쓰고
괴테는 파란만장 일생을 그린 희곡
타소를 이곳에서 썼다

바다와 하늘이 맛 닿은 것처럼 푸른 하늘 바다
뒷산은 야트막한 산이 펼쳐져

오렌지, 레몬, 포도 등
과일이 풍부하고 올리브가 유명

소렌토란 지명은 로마인들이 이곳을
바다의 요정 시레나의 땅이라고
수렌툼이라 불러 수리엔토다

요정 시레나는 매혹적인 노래로
앞바다로 지나는 뱃사람들이
넋을 잃어 바다에 빠져 죽게 만들어
이곳을 지나는 선인들은 귀를
밀랍으로 막았다 하고

지중해 모험 마치고 돌아오던 율리시스는
노래를 듣고 싶어 돛대에 몸을 묶고
다녔다는 전설이 있는 곳

지중해 바닷가 언덕 수리엔토
이곳을 내 자신도 보고 싶어
시간 조금 내었다

사진

먼 곳과 가까운 곳
가고 오는 인파 속에
머리를 흔들어 본다

젊어서 취미 삼아
들었던 복사기
이제는 내려놓아야지

그동안 포착한 산과 들 사물이
일렬로 내게로 온다
복사된 얼굴들이
웃는 모습으로 내 앞에 선다
표정 없는 이 뒤에도 있다
큰 산들이 쏟아져 내리기도 하고
오르기도 한다
다만 어두움이 없을 뿐이다
복사가 되기 어려워서
빛의 강도에 따라 다른 길로 간다
늘 밝고 흠 없는 길로 가길 힘주었지만
유혹이란 놈도 있다

이제는 마음 구석구석 복사해 밝게 만들어야지
자주 복사만 해서 창조주에게 회초리 맞을까 하는
그런 생각해 본다

폼페이(Pompaii)

이탈리아 남부 캄파티아주 나포리 근처
베수비오 화산폭발로 화산재로
묻혀버린 비운의 도시 폼페이

사르누스강 하구에 있는
항구도시 캄파니아 평야 지대로
농업 해양 무역이 함께 번성한 도시
79년 8월 24일 정오 마을 뒤 베수비오이산
거대한 폭발로 아수라장으로 변하고

사람들은 가스와 열로 2천여 명이
매장되었다 한다
오랜 세월 1500년 잠을 자다 1592년
운하를 건설하다 유물이 발견되면서
세상 빛을 보게 되었다

1748년 이탈리아를 지배하던
프랑스가 발굴하여 귀중한 유물이나
미술품은 프랑스 왕궁으로 가져가고
나머지 유물은 방치했다

이탈리아가 통일되면서 빅토리
엠마누엘 2세의 명으로
주세퍼 피오렐리라는 고고학자가 본격적인
발굴 작업 갑자기 묻힌 당시 생활상을
그대로 보존되어 흥미로운 사람도
그 당시 매우 사치스럽고 쾌락 향락으로
흥청거렸다는 도시로 본다

2천여 명이 땅속에 있어 보존이 되고 쌓였던
화산재는 1미터부터 두꺼운 것은 9미터
높이로 묻혔다 큰길을 따라
선술집, 여인숙, 병원, 빵가게, 마구간

술집 테이블에는 술잔이 그대로 있고 남아 있는
신전 중 가장 규모가 큰 아폴로 신전은
가장 넓은 지역을 차지하여 있고
남아 있는 기둥을 보면
아테네 제우스 신전보다
큰 기둥도 남아 있다.
폼페이 사람들은 여러 신을 극진히 모시고

숭배했지만 몰락의 순간에 그들을
구원하지 않았을까?

대극장과 소극장도 있고 스타비아 목욕탕은
큰 목욕탕, 남탕, 여탕, 냉·온탕 사우나 시설도 있다
원형 경기장은 2만여 명 수용할 수 있는 곳에도
있고

개인집 방문 위에 춘화가 있고 호객 행위가
있는 것으로 보아 유흥문화를 알 수 있다
시장과 공동 우물 집집마다 수돗물을
공급할 수 있는 수도관도 있다
2천 년 전 완벽한 시설 갖춘
생활수준이 높은 것이 믿기 힘들다

아씨시(Assisi) 프란체스코를 만나다

탐욕을 멀리하고 청빈과 검손 평생을 가난한 사람을 위해
헌신 사랑을 실천한 프란체스코 그의 유해가 안치된
사원이 있는 아씨시를 찾았다

그는 26세에 포르치운 콜라에서 미사를 드리던 중
그의 귀에 가면서 전파하라
너희 전대에 은이나 금을 가지지 말고
두 벌 옷이나 신이나 지팡이를 가지지 말라는 것을
깨닫고 허름한 옷을 걸치고 나섰다

나환자 촌에서 생활하던 이들이 따라
그들과 함께 신앙 공동체를 만들어
평생 복음을 전파했다
이탈리아 중부 오바지오산 경사면에
성인의 발자취를 찾아갔다

아씨시는 정돈이 잘되고 중세의 모습을 갖춘

그리 화려하지도 않은 광장에 회랑이 성당을 향해 가지런히 늘어섰고
성프란체스코 성당은 2층 구조로 내부는
치마부에 시모네 마르티니, 피에트로 로렌체티, 트로트로 카발리니,
후기 중세 화가들이 프레스코화로 장식 이탈리아 미술 발달을 보여주는 귀중한 자료다

지하에는 프란체스코 무덤이 있고 세계 신앙인들이 와서
기도하고 신앙을 본받으려고 발길이 줄을 선다.

프란체스코 창시자이며 아씨시,
조반니 디 피애트로 디 베르나르도네는 부유한 가정에 태어나
부와 쾌락에 빠지다 보니 전쟁 포로도 되고 27살 되던 해
1209년 메시아 날에 기도 중 병든 자를 고쳐 죽은 자를 살리며

나병환자를 깨끗이 너희 전대에 금이나 은을 가지지 말라
옷 두 벌이나 신발이나 지팡이를 지니지 말라는 마태복음 가르침을 듣고 그길로 속세 생활을 버리고
종교적 수도 고행 청빈으로 프란체스코 수도원을 세웠다고 한다

그 아래쪽에 산타키아라 성당 성녀 키아라의 유해가 안치되어 있다
아씨시의 귀족 출신으로 프란체스코에 감화되어 청빈을 중요시하는
여성 수도회를 결성했다고 하고 성당 앞 광장에 서는
위아래 시가지 전경이 아름답게 보인다

두 성인 성녀를 만나고 성당도 보니 마음이 숙연해 진다

내가 본 바티칸(Vatican)

 높은 성으로 둘러싸여 접근조차 힘든 세계 제일 작은 국가, 조그마한 입구로 들어가니 교황이 다스리는 독립된 나라 르네상스 문화 중심지 세계의 1억 넘은 카톨릭의 구심점이다. 성당을 지은 후 라테란 조약을 맺어 교황 독립 주권 국가로 인정받았다

 성베드로 성당은 지하에 무덤 위 성당이고 로마의 라테라도 성당, 성모마리아 성당, 바오로 성당이 있고, 13개 건물에 광장은 오벨리스크와 분수, 30만 명을 수용할 수 있는 넓은 공간이고 건물 벽 곳곳 역대 교황이 우리를 맞으며 기뻐한다

 베드로 성당은 324년에 지어 그간에 낡아 1506년에 율리우스 2세가 도나토 브라만테에게 성당 신축을 지시 120년 동안 짓는 중 완공을 못 보고 죽고 당시 예술가 줄리아노 다 상갈로, 지오콘다 데비토, 미켈란젤로, 디오도비코 부오나로티 시모니, 라파엘로 산치오 다 우르비노, 당대 최고 건축가 예술가들이 미켈란젤로의 설계를 바탕으로 성 베

드로 대성당이 완공, 6만 명을 수용할 수 있고 500개 기둥에 450여 개 조각품, 중앙 천장에서 들어오는 빛과 장식 아름다움이 천국을 옮겨 놓은 듯한 착각을 한다

　대성당을 만든 막대한 건축비 120년의 세월, 미켈란젤로, 디오도비코 부오나로티 시모니, 레오나르도 디 세르 피에로 다빈치, 도나토 다뇰로 브라만테, 로렌초 오토니 프란체스코 바르베리니, 르네상스 시대 거장들의 작품이 소장되어 있어 세계의 보물 창고이고 바티칸 일부를 제외 보물창고로 쓰고 지을 때 작품을 그대로 보관하고 유지하고 사랑한 이탈리아 사람들의 사랑이 느껴져 감탄이 절로 난다

　시스티나 예배당에는 미켈란젤로의 아름다운 예술적 작품들이 내 시선을 사로잡는다. 그중에서도 위로 올려다보니 미켈란젤로의 하나님의 사랑과 믿음으로 한땀 한땀 조각해서 신약과 구약성서를 바탕으로 천지창조 인간이 타락해가는 33부분을 나누어 그린 그림은 4년을 위 천장만 보고 영혼을 갈아 위대한 작품이 나왔고 모든 사람들의 각각 성품이 느껴져서 위대한 미켈란젤로의 걸작이 놀라운 성스러움과 존경이 느껴진다

십자가에서 끌어내어 예수를 품에 안고 비통해 잠겨있는 성모마리아 모습을 조각한 피에타상 어느 것 하나 보는 이로 하여금 감탄을 자아내게 하지 않는 게 없다, 세계에서 가장 큰 성전인 바티칸 인간의 상상을 뛰어넘어선 규모의 섬세하고 위대한 예술가들의 숨결이 배어 있는 그저 신비로움 그 자체다

예술적 작품들을 며칠을 봐도 부족하지만 우리 일정 제한으로 바깥을 나와 보니 광장에는 30만 명을 수용할 수 있는 넓이에 바티칸 광장의 벨리스크 탑이 40여 미터 상징적인 건축물로 서 있고 바티칸 중심이라 고대 이집트에 가져온 것으로 바티칸 분위기를 성스럽게 결합하고 있어 옆에 분수가 흐르고 있는 곳

이곳이 바티칸 일부를 보며 아쉬움만 남기고 다른 일정으로 돌아서려니 발걸음이 무거워진다

제5부
시집 평설

■ 시집 평설

현대시법, 실제화 돋보여

박진환
(시인·문학평론가)

1. 전제

타성으로 쓰는 시와 시법으로 쓰는 시는 시미학의 척도를 달리 설정하게 해준다. 전자적 타성으로 쓰는 시도 시는 시다. 그러나 시가 무엇을 요구하고, 어떻게 써야 이 요구에 답할 것인가에 대해서는 답해주지 못하는, 남이 쓰는 대로 나도 그렇게 쓴다는 식의 시다. 그러나 후자적 시법으로 쓰는 시는 시의 새로운 미학을 창출하기 위해 여러 방법론을 대입시킴으로써 타성으로는 쓸 수 없는 창조적 경로를 통해 한 편의 시를 탄생한다는 점에서 새로운 미학에의 도전이거나 충실에 값하게 된다.

이 점에서 후자적 시법에서 출발시킨 시는 시를 알고, 어떻게 써야 시가 창조에 값하는가를 알고 쓰는 시가 되고, 이와 반대로 시법 없이 타성으로 쓴 시는 창조적 경로를 일탈하게 되어, 타성의 일탈이 획득할 수 있는 창조에 값하는 시의 위상에는 미치지 못하게 된다.

 시법 없이도 시를 써서 이름을 날리는 시학이 없는 시대, 더구나 시가 생활 수단이 되어주지 못해 삶의 여기쯤으로 푸대접을 받는 시대에 시를 시법에서 출발시켜 시다운 시에 도전한다는 것은 귀한 몫이자 값진 창조에의 충실이라고 할 수 있다. 모두에 이러한 전제를 제시하는 것은 그럴 만한 이유가 있어서다.

 정일웅 시인이 상재한 시집 『섬진강』은 시집 『발걸음』, 『지리산』에 이어 내놓는 세 번째 시집이 된다. 시집 『발걸음』과 『지리산』이 시인의 산행의 족적으로 찍힌 인생행로의 발자국이었거나 '지리산'이 암시하는 산행의 기록을 중심으로 씌어진 시를 묶은 시집이었다면, 이번 세 번째 시집이 되는 『섬진강』은 단순한 발자국이나 산행이 아닌, 자신의 시를 시법에서 출발시키고자 한 시적 행보를 보여주고 있다는 점에서 그 의미를 달리하고 있다고 여겨진다. 일테면 본격적인 시를 향한 새로운 출발, 출발을 통한 시의 새로움에의 도전으로 읽힌다는 점에서 그러하다.

69편의 시를 4부에 나누어 수록하고 있는 시집 『섬진강』은 앞서 상재한 시집들이 '발걸음', '지리산'이라는 점에서 수직성의 것이었다면 '섬진강'은 수평적 이미지를 제시해 주고 있어 시의 행보를 달리하고 있음을 암시해 주고 있다고 여겨진다. 그런가 하면 시집 서문격인 시인의 말에서 제시하고 있는 시법에의 관심은 시인이 시적 출발을 달리하고 있음을 말해주고 있다는 점에서 간과할 수 없을 것 같다.

제시해 보면 시인이 자신의 시로써 실천하고 싶어한 시법들이 제시되고 있는데 이는 시인이 시법에서 시를 출발시키고 있음을 말해주고 있는 것이 된다.

  외식에 익숙지 않아 집에서 삼식이다
  입맛이 없을 때는
  아내가 신경을 곤두세운다
  나물이며 반찬에 양념을 이것저것 더 넣다 보면
  수저마저 자주 가고 맛이 난다
  참기름 깨볶음 고춧가루 후춧가루 다진 마늘
  고추장 매실청 식초 간장 소금 등
  너무 많이 들어가도 제 맛을 잃지만

인용된 시인의 진술은 아내의 반찬솜씨가 양념에 의해 각기 맛을 달리해 입맛을 돋군다는 평범한 일상의 한 단면을 빌어 하고자 한 말을 다음 순서에 맡기고 있음을 읽을 수 있다.

    시를 쓸 때도 양념이 골고루 적당히 들어가야
    풍성한 맛이 날 것인데
    이런 반찬에는 어떤 것이 들어가야 맛이 나고
    저런 곳에는 또 무엇을
    전문성이 떨어지니 알면서도 모르고 갖추지 못해
    맛이 떨어짐을 알고 있다

    모더니즘, 아이러니, 형이상시, 컨시트, 형상화,
    양극화, 폭력적 결합, 메타퍼, 직유, 은유, 치환, 병치,
    원관념, 보조관념, 전경화, 낯설게 쓰기, 이미지, 위트,
    펀, 패러독스, 알레고리, 암시, 변용 등
    이런 양념이 적당히 들어가야 맛이 날 것인데
    맛은커녕 입을 버려 인상을 찌푸리게 하니

    나는 언제쯤 음식 맛을 낼 것인지

장황하게 인용했지만 이 시인의 말 속엔 시인이 자신의 시

로 실천하고 싶어한 현대시학이나 시법이 고스란히 나열돼 있어, 이 진술만으로도 이 시집을 읽고 이해한 등가치를 지니고 있고 또 제공해 주고 있다고 여겨져 인용했음을 밝혀둔다.

함께 인용된 시법들을 어떻게 자신의 시로써 실천하고 있는가. 그리하여 시적 새로운 행보를 보여주고 있는가를 평자의 몫으로 여겨져 시에 접근, 이론과 실제를 밝힘으로써 평설에 값하고자 한다.

2. 시로써 보여준 시법의 실제

앞에서 보았듯이 시인의 말로 제시된 시법들은 많다. 그중에서도 현대시학을 대표하고 있는 몇 시법을 제시해 보면 형이상시의 대표적 시법인 컨시트·양극화·펀 등을 비롯해 폭력적 결합, 객관적상관물의 발견 등의 엘리엇의 시론, 그리고 러시아 형식주의자들의 전매특허품인 시법 낯설게 쓰기나 전경화까지 매우 폭넓게 현대시학 및 시법들이 고루 제시되고 있다. 그런가 하면 시가 생명으로 하고 있는 레토릭 형상화·이미지·위트·패러독스·메타포 등도 빠뜨리지 않고 있다. 문제는 이들 시학과 시법들을 원용, 어떻게 자신의 시로 실천하고 있는가에 방점이 찍힐 듯싶다. 그리고 본고는 방점을 찍을 수 있는 시법에 의탁, 시에 평설을 곁들여 보기로 한다.

2-1 제시된 시법의 실제

많은 시학과 시법의 제시에도 정작 자신의 시에 실제화한 시법은 두 경로로 요약해 조명될 수 있을 것으로 보여진다. 그 하나는 형이상시법이고, 다른 하나는 낯설게 쓰기라는 러시아 형식주의 시법이 아닐까 싶다.

그 이유는 수록 시 중 1, 2부를 제외한 3부의 시편들은 시인이 등정했던 산행 시편들이었고, 4부는 산이 아닌 세계의 명소에 대한 탐방여행 성격을 띠고 있어 시법이나 시학보다는 현장의 묘사에 의탁, 미술로 치면 실경화에 더 가까웠기 때문이다. 달리 말하면 현장 중시가 시법이나 시학에 선행했다는 뜻이다. 소이로 해서 시법, 시학의 실제화는 자연히 1부와 2부의 시편들이 대상이 될 수밖에 없었다. 그래서 평설의 범주는 1, 2부에 국한될 수밖에 없게 됐고 3, 4부는 생략, 독자의 몫으로 넘길 수밖에 없었다는 점을 밝혀두지 않을 수 없었다.

1, 2부의 수록 시에서 발견되는 시법의 구사는 형이상시가 전매특허로 했던 컨시트 · 양극화 · pun 등이었다. 이외에도

원인적 비유나 순수한 통징 같은 시법도 뺄 수 없는 시법이었으나 여기까지 실제화하기엔 한계가 있었던 것이 아닌가 싶다. 시를 제시해 본다.

>1월에 강원 용대리 가면
>미시령 진부령에서 아래로 칼바람이 몰아친다
>
>바다 세상에서 무슨 죄를 지었기에
>줄줄이 끌려와 목을 매어 형벌을 받을까
>
>명태 생태 동태 북어 코다리 노가리 먹태
>얼고 녹는 고통 이겨내면서 온몸이
>단단하게 마를 때까지 모두 모여 벌 받는다
>
>크기와 말린 형태에 따라 이름이 다르고 이름 많은 고기
>벌이 끝나면 황태로 변해 밥도둑으로 변해간다
>
>그래서 죄도 많아 형벌 받고 그도 못 면해
>밥도둑으로 살아가는 누명 많은 고기

지구 기온 상승하니 북극해 찬 바다
찾아 떠나며 몸값 오른다
더 많은 세월 가면

이름 하나 더하는 금태 되겠다

  예시는 「벌 받는 고기」의 전문이다. 겨울 강원도에 가면 명태덕장이 있다. 덕장엔 생태들이 목을 매달 듯이 걸려 있다. 이 덕장의 명태들을 덕장으로만 보지 않고 형벌의 현장으로 이동시킨다든지, 이동시켜 목을 매단 형벌로 본다든지, 형벌을 통해 유추되는 밥도둑이라는 도둑으로 이동, 죄와 벌로 연계시킨다든지, 또 도둑에 연계되는 누명으로 이동, 상상과 상상력의 상호 호소력을 통해 발상을 다양화 했다가 종국에는 금태라는 새로운 명명으로 명태를 재탄생시킨 발상은 컨시트에 값하는 신선한 기상으로 작용하고 있다.
  주지하다시피 컨시트(conceit)는 일종의 신기한 착상을 두고 한 말이다. 그 때문에 생각함과 떠올림의 선도(鮮度)가 신선하고 기발하기 마련이다. 이를 알고 시에 실제화한다는 것은 현대시의 시법에의 충실에 값하게 된다.
  요즘처럼 시학이나 시법 부재의 박질의 시적 풍토에서 컨시트를 시에 실제화할 수 있다는 것은 시법에의 충실과 함께 시학의 실천이라는 점에서 간과할 수 없는 값진 몫을 해주고 있는 것이 된다. 시학이나 시법에의 관심에서 나아가 시인 스스로가 자신의 시로써 이를 실천해 보인다는 것은 타성을 극복 새로운 시에의 도전이자 창조에의 돌진이란 점에서 귀한 몫으로 보아줄 수밖에 없게 된다.

특히 미 시카고학파들이 재 대두시킨 새로운 시의 지평으로 제시한 것이 형이상시법이고, 형이상시를 대표할 수 있는 미학의 본질을 컨시트가 담당하고 있다는 점에서 보면 더욱 그러하다. 문제는 컨시트를 통한 형이상시법에의 실제화도 실제화지만 형이상시의 대표적 시법인 양극화나 pun을 실제화하고 있다는 점에서 보는 시인의 자각이 단순한 시학 시법에의 자각에 그치지 않고 이의 실제화라는 실천으로 구사하고 있다는 점에서 창조적 경로를 읽게 해주고 있는데 이 점 또한 간과할 수 없는 방점이 찍힐 만하다고 본다.

또 하나의 형이상시의 대표적 시법인 양극화의 실제를 시를 통해 보기로 한다.

  가) 높은 곳을 좋아해
      세계 높은 산만 찾았는데
      이제 생각하니 이상(理想) 아니고
      욕심인 듯 교만인 듯

무욕(無慾)이 더 가까운데
그렇게 살아가는데

강물 되어 낮은 곳 찾아
버리고 비우고 무상 무욕으로
높고 낮음으로 살으련다
비우고 채울 것도 없는 것
욕심이면 뭐하나
공수래 공수거인 걸

나) 히말라야 올라가는데

산이 나와 너 한다

그러니 아래 흐르는 두두코시

강이 너와 나 한다

나가 있어 너가 있고

너가 있어 나가 있다

다) 지인이 와서 나에게 묻는다
　유명 산이며 찍은 사진 몇 장이나 되나요
　아 그 사진 3,782장 찍어두었지
　아니 연세가 몇인데 사진
　숫자를 그리 정확히 알아요
　내 나이 환갑 넘은 것은 맞는데
　그 후로는 잘 몰라
　사진 숫자와 큰 산 오른 것은
　정확히 알면서 나이를 모르세요

　아 사진은 가져가는 사람이 있어 세어보았지만
　내 나이는 가져가는 사람 없어 세어 두지 않아서
　어디에나 쓸모없는 것이 나이라
　버릴 곳도 없어서 미화원도 안 가져가
　알아서 좋은 것도 있지만 몰라서 좋은 것도 있지
　알아도 모르는 척 몰라도 아는 척
　그렇게 사는 것이 인생이고
　살아가는 길인 걸

　예시 가)는 「공수래」의 일부이고 나)는 「진리」의 전문, 다)는 「나이를 모르는 사람」의 전문이다. 예시 가)에서는

높이로 대표되는 산과 낮음으로 대표되는 강을 양극화로 대비시키고 있다. '높은 곳을 좋아해/세계 높은 산만 찾았다'는 수직과 '강물이 되어 낮은 곳 찾았다'는 수평이미지의 대비를 통한 단순 비교가 아닌, 높은 산의 등정만을 높은 이상으로 연계시켰던 정신지향을, 낮은 강물을 통해 '버리고 비우고 무상무욕'으로 대비시키는 정신적 깨달음이랄까, 두 상반 상충의 이미지를 대립시켰다가 정신적 깨달음으로 합일시켜 카타르시스를 체험하게 하는 양극화는 양극화의 시법을 알고 실천했음을 보여준 것이 된다. 그것은 단순 비교나 대비를 넘어 두 상충의 병치를 정신적 합일로 이끌어냄으로써 시의 새로운 질서에 기여하고 있기 때문이다.

예시 나)는 '너'와 '나'라는 대칭이거나 대비 개념을 '너와 나 한다'는 강의 포용을 빌어 '나가 있고 너가 있고/너가 있어 나가 있다'는 너와 나의 합일을 이끌어내고 있다. 양극화의 대립적 요소인 상반·상충의 모든 것을 거부함 없이 포용하는 강의 이미지를 빌어 합일을 이끌어내는 것 또한 양극화의 시적 역할에 기여하고 있음을 보여주는 것이 된다.

그리고 예시 다)는 시행이 말해주고 있듯이 '내 나이 환갑 넘은 것은 맞는데'와 '사진 숫자와 큰 산 오르는 것은/정확히 알면서 나이를 모르세요'가 말해주고 있듯이 '알고'와 '모르고'를 병치시켜 아이러니를 성립시켰다가 이를 상반의 균형으로 질서화 해주는 양극성의 재치를 보여주는가 하면, '알아서 좋은 것도 있지만 몰라서 좋은 것도 있지/알아도 모르는 척 몰라도 아는 척'이 말해주고 있듯이 알고 모르고를 넘어섬으로써 '그렇게 사는 것이 인생이고/살아가는 결'로 연계시켜 새로운 길로 제시함으로써 인생의 도정으로 형이상적 질서에 잇대이고 있다.

  이러한 상반·상충의 요소를 병치시켰다가 합일로 상반의 균형을 획득함으로써 양극화를 보여준 것도 새로운 시법에의 충실이지만 이를 자각, 자신의 시법으로 원용, 시로써 실제화하는 것은 시학·시법이 없는 시학 불모지를 자각하고 이를 실천하는 것만으로도 의미 이상의 의미에 값함이 된다고 할 수 있다.

  다음으로 형이상시법에서 빼놓을 수 없는 언어유희로 풀이되고 있는 pun의 시법을 시를 제시해 보기로 한다.

    가) 하늘에 큰 별이 있다
      명성(明星)
      땅에도 군에 별이 있다

      하늘의 큰 별 따다 젊은 용사 모자에 달면
      명성으로 빛 밝히면

하는 생각해 본다

똥별 될까 걱정도 한다

나) 늦가을 나무에 시(枾)가 열려있어
　　날짐승이 시를 쓰고
　　그림자긴 나는 머리와 발로 시(詩)를 쓰고

다) 이제야 그 집이 눈물 되어
　　내 손에 물집으로 가슴 메이네

라) 우한[武漢]이 우환(憂患)되어 살아가기 힘들다

　예시 가)는 「별」의 전문, 나)는 「동급」의 첫연, 다)는 「물로 지은 집」, 그리고 라)는 「코로나19」의 종연이다. pun은 시의 레토릭으로 잘 알려진 언어 용법의 하나다. 흔히 알고 있는 언어유희니, 언어의 놀이라는 말로 즐겨 차용되기도 한 레토릭의 하나다. 그러나 현대시에서는 언롱이나 레토릭 차원을 넘어 언어의 마술쯤으로 이해되고 통하는 상위개념의 언어용법이다.
　예시 가)에서의 하늘에 큰 별 명성(明星)이 있듯이 땅에도 군에 별이 있다. 하늘의 명성은 밝은 빛을 발산하는 천체의 하나요, 땅의 별은 계급이라는 스타다. 명명은 둘 다 별이면서 각기 다른 의미와 용도로 쓰이는 일언이의(一言二意)의 언어기능으로 작용한다. 그러나 하늘의 별은 영원하지만 땅의 별은 찬란한 스타가 아니라 '똥별'이 될 수도 있다. 별이면서 명성, 계급으로 풀이되듯이 새로운 명명 똥별로 그 값어치가 무화되게 하는 소릿값과 의미소를 둔갑시키는 언어마술이 pun이란 걸 잘 보여주고 있다.

예시 나)는 가을에 잘 익은 감나무의 감을 연시라고 해서 한자로 시(柿)라고 한다. 이를 운문으로 쓰면 시(詩)가 된다. 동음이의의 언술이다. 다)에서의 시에 '그 집이 눈물이 되어/ 내 손에 물집'으로를 어순을 바꾸면 '그 집'이 '물집'이 된다. 이 또한 언어유희다. 그리고 예시 라)에서 코로나의 발상지로 지목됐던 우한(武漢)과 근심스런 병을 지칭하는 우환(憂患)은 유사 소릿값을 대응시켜 언어의 동질성이 환기시키는 언어의 효용을 읽게 해준다. 이러한 언어의 용법, 언어의 마술성을 pun이라 하고 특히 형이상시에서 즐겨 쓰던, 컨시트만이 이끌어낼 수 있는 시법으로서의 언어용법을 정일웅 시인이 자신의 시를 통해 구사해 보여준 것은 그의 시를 시학과 시론에서 출발시켰다는 것을 증명해 주는 것이 된다.

또 하나 간과할 수 없는 것이 변용의 시법이다. 변용은 모습을 바꾼다는 뜻이니 러시아 형식주의자들이 내세운 낯설게 쓰기와 같은 뜻으로 풀이되는 한자식 표기가 된다. 낯설게 쓰기는 의도적으로 친숙한 것을 비친숙성의 것으로 바꿈으로써 새로운 모습으로 태어나게 하는 일종의 창조적 기법이다. 친숙성의 것을 의도적으로 차단, 비친숙성의 것으로 대체함으로써 신선한 충격을 체험하게 하는 충격요법이 낯설게 쓰기다.

정일웅 시인이 형이상시법과 낯설게 쓰기를 자신의 시법으로 실제화하고 있는 점은 실제화도 실제화지만 시적 자각에서 스스로를 일깨웠다는 점에서 귀한 몫이 될 것으로 여겨진다. 시를 제시해 본다.

가) 휴전선 철조망은
　오천이백만 허리띠다
　허리를 옥죄는 고통줄이다
　두 동강 만든 포승줄이다
　절단기로 끊어도
　끊기지 않는 특수 철이다
　몇십 년 지나도 썩지 않는
　철조망이다
　김씨 삼부자 말 한마디면

썩고 문드러져 끊어질 허리띠
　　　삼부자 말 듣는
　　　사람을 찾습니다

　나) 꽃은 일생 웃고 지낸다

　　　필 때도 웃고
　　　꽃으로 피었으니

　　　질 때도 웃으며 진다
　　　열매를 맺으니

　　　일평생 꽃은 웃음으로 살아간다
　　　열매가 웃음 덩어리다

　다) 광양 백운산 천이백십팔 봉에서 내려다보니
　　　군복 입고 걸어가더니
　　　장마 후에 올라 보니 상복(緦服)으로 갈아입고
　　　곡을 하며 마라톤으로 내달린다

　예시 가)는 「사람을 찾습니다」, 나)는 「꽃」의 전문이고, 다)는 「섬진강」의 종연이다. 방법이나 보는 관념은 달라도 다 같이 본디의 것을 새로움으로 바꿔줌으로써 생경하고 낯이 설게 꾸며내고 있다. 그 때문에 고정관념이나 통념이 자동연계시키는 친숙성의 배제로 새로움으로 태어나게 하는 신선한 충격을 체험하게 하는데 변용의 시적 미학이 여기에서 태어난다.

예시 가)는 3.8선이 두르고 있는 휴전선을 오천이백만 동포의 허리를 옥죄는 '고통의 줄로 변용, 포승줄로 연계시킴으로써 남북 분단의 비극성을 극대화해 주고 있다.

예시 나)는 꽃을 '일생을 웃고 지낸다'도 웃음으로, 필 때도 질 때도 웃는 '웃음덩어리'로 아름답다거나 곱다거니 하는 상투적 통념을 버리고 새로운 모습으로 읽게 해줌으로써 변용에 값하고 있다.

그리고 다)는 흐르는 섬진강의 물줄기를 내려다보며 '군복 입고 걸어가는 행보'의 발걸음으로 비꼈다가, 장마로 물이 불어난 후에는 '상복으로 갈아입고/곡을 하며 마라톤으로 내달린다'고 강줄기와는 친숙성이 없는 군화가 밟고 가는 행보로 곡을 하며 내닫는 마라톤으로 양극화와 함께 변용으로 재구성 해주고 있다. 이쯤에서 결론은 집약될 수 있을 것으로 본다.

3. 결어

　정일웅 시인이 상재한 이번 시집 『섬진강』은 두 측면에서 평가역을 설정해 볼 수 있을 것 같다. 하나는 지금까지 타성으로 써왔던 시에서 시법·시학에의 자각을 통해 현대시학과 시법을 스스로의 시에 실제화함으로써 시를 시법에서 출발시킨 귀한 몫을 실천했던 점을 들 수 있을 것 같다.
　그리고 다른 하나는 형이상시법으로서의 컨시트와 양극화, 편과 같은 시법과 러시아 형식주의 시법인 낯설게 쓰기를 변용의 시법으로 실천함으로써 시적 자각과 시법에의 충실로 자신의 시적 위상을 한 차원 업함으로써 거둔 성과가 이번 시집으로 실제화한 시적 성취와 함께 평가에 값할 것으로 본다.

섬진강

2025년 2월 5일 인쇄
2025년 2월 15일 발행

지은이 / 정일웅
발행인 / 박진환
펴낸곳 / 조선문학사
등록번호 / 1-2733
주소 / 03730 서울 서대문구 통일로 389(홍제동)
대표전화 / 730-2255
팩스 / 723-9373
E-mail / chosunmh2@daum.net

ISBN 979-11-6354-326-8

정가 10,000원

* 인지는 저자와 합의 하에 생략
* 잘못된 책은 서점에서 교환해 드립니다.